簡単！おいしい味つけで

蒸し中華

今井 亮

目 次

＊計量単位は、1カップ＝200mℓ、
　大さじ1＝15mℓ、小さじ1＝5mℓです。
＊電子レンジは600Wを使用しています。
　加熱時間は目安です。
　機種によって違いがあるので加減してください。

はじめに

実はお手軽でおいしく仕上がる調理法。それが「蒸す」です。
炒める、ゆでる、揚げる、焼く、などより蒸気の作用によって食材にやさしく火が通り、
本来もつ味わいを上手に引き出すことができるのです。
特に、旬の野菜をシンプルに蒸していただくのは格別。
魚介や肉のふっくらジューシー感も際立ち、今まで気づかなかった味や香りも楽しむことができます。
寒い季節に蒸し料理を作っているキッチンは
蒸気の温かさと香りで何だかいい気分にもなれますしね。
もちろん寒い季節以外の春や夏の蒸し料理も食材の特徴を楽しむことができるので、
一年中おすすめの調理法なのです。

具材を入れてそのまま蒸す、味をつけて蒸す、など、その工程はとても簡単！
油はねもないので食べたあとの面倒な掃除や洗い物も少なくてすむので、いいことづくし！
蒸したてあつあつをせいろごと食卓に出すと、
ふたを開けたときの蒸気とともに広がる料理の香りはたまりません。
素材の色も蒸すことできれいに仕上がり、歓声が上がること間違いありませんよ。

また、わが家では、家族の帰宅が遅いとき、せいろに具材をセットしておき、
帰ってきたらすぐ蒸して食べてもらえるようにしています。
濃い味のおかずよりあっさり食べられるので、遅い時間でもOK。
肉や魚、豆腐、野菜……まとめてせいろに入れて蒸したっていいんです。

いつもの料理に「蒸し料理」を加えることで、日々の献立作りの幅がさらに広がることはもちろん、
簡単においしく、蒸すからこそおいしくなるんだ！　と
新たな世界を知っていただけるとうれしいです。

蒸し料理はシンプルなので可能性は無限大。この本に載っている組み合わせ以外にも
自分の推し蒸し食材を見つけてどんどん蒸してください！
きっとあなたの食卓が、さらに楽しくおいしくなることでしょう。
「今日はなにを蒸そうかな〜」とキッチンに立つのがウキウキしますように。

今井 亮

蒸す道具

せいろ

せいろは木製のため調理中の水分を適度に吸収するので、金属製の蒸し器のように水滴で水っぽくなりません。分厚いふたは二重に編んだ竹のふたなので、蒸気を適度に保ち、適度に逃す、すぐれもの。じっくりおいしく蒸すことができます。また、テーブルにそのまま供せるのも魅力。この本で使ったのは直径30cmのもの。ちょっと大きいと思うかもしれませんが、料理によっては器に盛ってからせいろに入れることも多く、器の取り出しなどを考えると小さめよりは大きめを選ぶのがおすすめです。

小せいろ

野菜や焼売などを蒸すときは、直径15cmのせいろを2〜3段重ねて使っても。重ねても同じように蒸し上がります。購入するときは小鍋とセットになっているものを選ぶとサイズ的に二重丸。

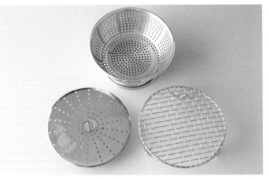

蒸し網

蒸し時間が短いものは、アルミ製の台つきの蒸しざる(上)、ステンレス製の脚つき穴あきプレート(左下)、ステンレス製の脚つき蒸し網(右下)を鍋やフライパンにのせて使っても。ただし、「蒸す」は湯気で調理することなので、材料が水に浸らないようにすること、水がなくならないようにときどき湯を足すことが大事。

せいろ使いのお約束

1 鍋、蒸し板、せいろ、ふたの順に重ねて使います

せいろと鍋のサイズが違うと蒸しにくく、上手に蒸せません。そこで活躍するのがリング状の蒸し板。蒸し板をかませると鍋もせいろも安定し、安心して蒸し物ができます。まず鍋に水を入れて蒸し板をのせ、充分に沸騰させ、食材をセットしたせいろをのせ、ふたをします。あとは、充分に蒸気が上がる火加減をキープして蒸します。せいろは使う前に水でさっとぬらしておきます。

2 食材を蒸す方法は主に2通り

● せいろにクッキングシートを敷く
切っただけの野菜、焼売、おこわを作るときなど、汁気がないもの、または汁気が少ないものを蒸すときは、せいろにクッキングシートを敷いて。肉まん、野菜まん、あんまんなどの中華まんは、クッキングシートを切った上に1個ずつのせて蒸すと、取り出しやすく、きれいにはがれます。

● せいろに皿ごと入れる
汁気のあるもの、汁ごと食べるスープ、盛り直すと形がくずれそうな料理は、せいろに器ごと入れて蒸します。蒸した器は熱いので、取り出すことを考えて、ひと回り以上小さい器を使うようにします。蒸しプリンのように、1人分ずつの小さい器をいくつか並べて蒸すことも可能です。

＊せいろの手入れは……
長時間水につけたり、洗剤で洗うのは、木製のせいろのためによくありません。
使ったあとは、湯や水で湿らせた布を固く絞ったもので拭くようにします。ただし、肉の脂などがついたり、
匂いなどが気になる場合は、流水で洗っても。そのあとは風通しのよいところで陰干しをし、しっかりと乾かします。
ふたをしたまま乾かすのは、かびの原因になるので避けましょう。

シンプル蒸し

「蒸すって、おいしい！」。
それをすぐに実感できるのが
シンプル蒸し。
ただせいろに入れて蒸すだけなのに、
どの素材も甘みとうまみが引き出され、
そのおいしさをストレートに
楽しむことができます。
蒸している間にチャチャッとたれを作って、
組み合わせの妙を楽しみます。

蒸しキャベツ 梅肉だれ

（作り方は p.12）

じゃがいもと玉ねぎ
トマトみそだれ
（作り方は p.13）

09

蒸しなす
ナッツごまだれ
（作り方は p.14）

小松菜とエリンギ
ナンプラーバターだれ
（作り方は p.15）

11

蒸しキャベツ
梅肉だれ

材料（2〜3人分）
キャベツ　1/4個
梅肉だれ
┃　梅肉　1個分
┃　しょうゆ　大さじ1
┃　みりん　大さじ1
┃　酒　大さじ1
┃　ごま油　小さじ1

1　キャベツは4等分のくし形に切る。
2　せいろにクッキングシートを敷いて
　　キャベツを並べ（**a**）、蒸気の上がった
　　鍋にのせ、強火で8分ほど蒸す。
3　梅肉だれを作る。耐熱容器にみりん、
　　酒を入れ、20秒ほど電子レンジで加
　　熱してアルコールを飛ばし、残りの材
　　料を加えて混ぜる（**b**）。
4　器に**2**を盛り、梅肉だれをかける。

さっと蒸すだけで、
キャベツの甘さと香りがぐっと出ます。
ごま油入りの中華風梅肉だれをかけると、
おいしさ倍増。

a

b

蒸したじゃがいもはホクホク、
玉ねぎはほどよく火が通って甘い!
トマトとみそで作った特製だれをかけて、
ほんのり温かいうちにどうぞ。

じゃがいもと玉ねぎ トマトみそだれ

材料（2〜3人分）
じゃがいも　3個
玉ねぎ　1個
トマトみそだれ
　トマトのすりおろし　½個分
　みそ　大さじ1½
　砂糖　大さじ½
　しょうゆ　小さじ1

1 じゃがいもは皮をむいて1cm幅に切る。玉ねぎは8等分のくし形に切る。
2 せいろにクッキングシートを敷いてじゃがいもと玉ねぎを並べ（**a**）、蒸気の上がった鍋にのせ、強火で8分ほど蒸す。
3 トマトみそだれの材料は混ぜ合わせる（**b**）。
4 器に**2**を盛り、トマトみそだれをかける。

a

b

丸ごと蒸して手で裂いて、
ナッツごまだれをたっぷりからめて
いただきます。
ナッツはカシューナッツのほか、
くるみやアーモンドを使っても。

蒸しなす
ナッツごまだれ

材料（2〜3人分）
なす　4本
ナッツごまだれ
  カシューナッツ　20 g
  白練りごま　大さじ2
  しょうゆ　大さじ1½
  酢　大さじ1
  砂糖　大さじ1

1 なすはへたを落として皮をむく。
2 せいろにクッキングシートを敷いてなすを並べ（**a**）、蒸気の上がった鍋にのせ、強火で10分ほど蒸す。
3 ナッツごまだれを作る。カシューナッツを細かく刻んでボウルに入れ、残りの材料を加えて混ぜる（**b**）。
4 なすを食べやすい大きさにフォークなどで裂き（**c**）、器に盛り、ナッツごまだれをかける。

a

b

c

青菜もきのこもうまみが逃げず、
水っぽくならず。
ナンプラーとオイスターソース、
バターのたれで、くせになるおいしさ。

小松菜とエリンギ
ナンプラーバターだれ

材料（2〜3人分）
小松菜　1束
エリンギ　2パック
ナンプラーバターだれ
| バター　10g
| ナンプラー　大さじ1
| 酒　大さじ1
| 砂糖　小さじ1
| オイスターソース　小さじ1
| 白こしょう　少々

1 小松菜は根元を切り落として7〜8
　cm長さに切る。エリンギは手で裂く。
2 せいろにクッキングシートを敷いて小
　松菜、エリンギをのせ（**a**）、蒸気の上
　がった鍋にのせ、強火で3分ほど蒸す。
3 ナンプラーバターだれを作る。耐熱容
　器にすべての材料を入れ（**b**）、20秒
　ほど電子レンジで加熱し、よく混ぜる。
4 器に**2**を盛り、ナンプラーバターだれ
　をかける。

丸ごと蒸したかぶは、
ジューシーでやさしい味わい。
かぶの葉と青じそ入りのあんをかけて
なめらかな口当たりに仕上げます。

蒸しかぶの翡翠あん

材料 (作りやすい分量)
かぶ (葉つき) 小6個
翡翠あん
    かぶの葉　30g
    青じそのみじん切り　5枚分
    鶏スープ (p.57参照)　1カップ
    酒　小さじ2
    片栗粉　小さじ2
    塩　小さじ⅓

1 かぶは葉を落として皮をむき、葉は
  小口切りにする。
2 せいろにクッキングシートを敷いてか
  ぶを並べ (**a**)、蒸気の上がった鍋にの
  せ、強火で18〜20分蒸す。
3 翡翠あんを作る。鍋に鶏スープ、酒、
  片栗粉、塩を入れて中火にかけ、混
  ぜながらとろみをつけ、かぶの葉と青
  じそを加え (**b**)、ひと煮立ちさせる。
4 器に2を盛り、翡翠あんをかける (**c**)。

a

b

c

豚肉とにんじん
ザーサイだれ

材料（2〜3人分）
豚切り落とし肉　200 g
にんじん　1本
ザーサイだれ
　味つきザーサイのみじん切り　30 g
　長ねぎのみじん切り　⅙本分
　しょうゆ　大さじ1
　酢　大さじ1
　ごま油　小さじ1

1 にんじんは皮をむいて5mm厚さの
　　輪切りにする。皿に並べ、豚肉を全
　　体に広げてのせ、せいろに入れる（**a**）。
2 **1**を蒸気の上がった鍋にのせ、強火で
　　7〜8分蒸す。
3 **2**をせいろから出し、ザーサイだれの
　　材料を混ぜ合わせてかける。

薄切りの豚肉を蒸して、
パンチのあるザーサイだれをかけて楽しみます。
にんじんも同じ時間で蒸し上げたいので、
薄切りにします。

a

むね肉なのにやわらかで、
ブロッコリーとの相性も二重丸。
桜えびと熱した油を加えた香ばしいたれが、
おいしさを盛り立てます。

鶏肉とブロッコリー
えびねぎだれ

材料（2〜3人分）
鶏むね肉（皮なし）　1枚
ブロッコリー　1個
えびねぎだれ
　桜えびのみじん切り　3g
　長ねぎのみじん切り　½本分
　しょうがのみじん切り　½かけ分
　砂糖　小さじ⅓
　塩　小さじ⅓
　米油　大さじ2

1 鶏肉はひと口大のそぎ切りにする。ブ
　ロッコリーは小房に分け、茎の部分は
　厚めに皮をむいて食べやすい大きさ
　に切る。
2 せいろ（ここでは小せいろ2段）に
　クッキングシートを敷いて**1**を並べ
　（**a**）、蒸気の上がった鍋にのせ、強火
　で8分ほど蒸す。
3 えびねぎだれを作る。ボウルに米油
　以外の材料を入れ、米油をフライパ
　ンに入れてよく熱してボウルに加え、
　混ぜる。**2**に添える。

牛肉の
レタス巻き蒸し

a

b

材料（2〜3人分）
牛薄切り肉（しゃぶしゃぶ用）　4枚
レタス　¼個
塩、白こしょう　各少々
マスタードだれ
┃ ぽん酢しょうゆ　大さじ2
┃ オリーブオイル　大さじ1
┃ 粒マスタード　小さじ1

1 レタスは1枚ずつにし、洗って水気を
　拭き取る。
2 牛肉を1枚ずつ広げて縦に置いて少し
　重ねながら並べて20cm幅にし、塩
　とこしょうをふり、レタスを軽く握っ
　てから手前に置き（**a**）、牛肉できつく
　巻く（**b**）。
3 せいろにクッキングシートを敷いて**2**
　を置き（**c**）、蒸気の上がった鍋にのせ、
　強火で6分ほど蒸す。
4 マスタードだれの材料は混ぜ合わせ
　る（**d**）。
5 **3**を食べやすい大きさに切って器に盛
　り、マスタードだれをかける。

c

d

牛薄切り肉に生のレタスを山盛りのせて、
太巻きサイズに巻いてせいろへ。
切り分けてひと口頬張ると
レタスの食感が心地よく、軽い食べ心地。

21

蒸しぶり大根
しょうが甘みそだれ

材料（2〜3人分）
ぶり　2切れ
大根　200g
しょうが甘みそだれ
- しょうがのすりおろし　1かけ分
- みそ　大さじ1
- しょうゆ　大さじ1
- 酒　大さじ1
- 砂糖　大さじ1
- 甜麺醤　小さじ1
- ごま油　小さじ1

1 ぶりはバットに並べて塩小さじ⅓（分量外）をふり（**a**）、冷蔵庫で10分ほどおき、水気を拭く。大根は皮をむいて1cm角の棒状に切る。

2 せいろにクッキングシートを敷いてぶりと大根を並べ（**b**）、蒸気の上がった鍋にのせ、強火で8分ほど蒸す。

3 しょうが甘みそだれの材料を耐熱容器に入れ（**c**）、20秒ほど電子レンジで加熱して混ぜる。

4 器にぶりと大根を盛り、しょうが甘みそだれをかける。

ぶりと大根の取り合わせは煮物でおなじみですが、これは蒸しバージョン。ぶりは塩をふっておくと余分な水分と臭みが抜け、うまみが閉じ込められます。

a

b

c

えびのにんにくだれ

材料（2〜3人分）
えび（無頭、殻つき）　12〜13尾
長ねぎ　1本
にんにくだれ
| にんにくのみじん切り　1かけ分
| しょうゆ　大さじ1
| 紹興酒　小さじ2
| オイスターソース　小さじ1
| 砂糖　小さじ1
米油　大さじ2

1　えびは背わたを取って殻をむき、片
　栗粉、塩各適量（各分量外）でよくも
　んで洗って水気を拭く。長ねぎは斜
　め薄切りにし、水にさらして水気をよ
　くきる。
2　えびを皿に並べ、せいろに入れ（**a**）、
　蒸気の上がった鍋にのせ、強火で5
　分ほど蒸す。
3　にんにくだれを作る。耐熱容器にす
　べての材料を入れて混ぜ（**b**）、20秒
　ほど電子レンジで加熱する。
4　2をせいろから出し、長ねぎをのせる。
　米油をフライパンに入れてよく熱して
　長ねぎに回しかけ（**c**）、にんにくだれ
　をかける。

蒸したえびはうまみたっぷりで
プリプリ、色もきれい。
長ねぎをのせて、にんにくだれをかければ、
豪華なひと皿に。

a

b

c

おかず蒸し

肉や魚介などのたんぱく質を
メインにした、ボリューム満点の
おかず蒸し。蒸した肉や魚介は、
うまみが逃げず、やわらかなまま、
さらに下味をつけてから蒸すと、
しっかり味がしみて、美味。
たれやソースは必要なし、
蒸したてをそのままテーブルへ。

豚肉はうまみのある肩ロースを買い求め、
薄切りより少し厚めに切り、
下味の調味料をしっかりともみ込んでから
蒸すのがポイント。

豚肉とかぼちゃの
クミン蒸し

材料（2〜3人分）
豚肩ロース肉（5mm厚さに切る）　250g
豚肉の下味
    片栗粉　大さじ1
    オイスターソース　大さじ1
    酒　大さじ1
    しょうゆ　小さじ2
    ごま油　小さじ1
    クミンシード　小さじ1
かぼちゃ　正味200g

1 ボウルにクミンシード以外の下味の
　材料を入れ、クミンシードを指で軽く
　つぶしながら加えて混ぜ合わせる。

2 1に豚肉を加え、手でよくもみ込む（a）。

3 かぼちゃは5mm厚さに切る。

4 器に豚肉とかぼちゃを交互に並べ（b）、
　せいろに入れる（c）。蒸気の上がった
　鍋にのせ、強火で10分ほど蒸す。

a

b

c

蒸した薄切り肉はゆでるより
うまみが逃げず、やわらか。
にんにくのきいたしょうゆだれ、
ラー油、五香粉で、味わい本格派。

雲白肉

材料（2〜3人分）
豚バラ薄切り肉（しゃぶしゃぶ用）　200g
きゅうり　1本
たれ
　にんにくのすりおろし　少々
　しょうゆ　大さじ1
　酒　大さじ1
　砂糖　小さじ1
香菜のざく切り　適量
ラー油　少々
五香粉　少々

1 きゅうりはピーラーで縦薄切りにし、
　冷水にさらしてパリッとさせ（**a**）、水
　気をきる。
2 たれを作る。耐熱容器にすべての材
　料を入れて混ぜ、20秒ほど電子レン
　ジで加熱する。
3 器に豚肉を広げて並べ、せいろに入
　れる（**b**）。蒸気の上がった鍋にのせ、
　強火で2〜3分蒸す（**c**）。
4 せいろから取り出し、きゅうりと香菜
　を添え、**2**のたれをかけ、ラー油、五
　香粉をふる。

鶏肉と干ししいたけ、長ねぎ蒸し

材料（2〜3人分）
鶏もも肉　1枚
干ししいたけ（どんこ）　4枚
長ねぎ　½本
下味
| しょうがのみじん切り　1かけ分
| 片栗粉　大さじ1
| オイスターソース　大さじ1
| しょうゆ　大さじ1
| 紹興酒　大さじ1
| 砂糖　小さじ1
| ごま油　小さじ1

1 干ししいたけは水適量とともにポリ袋
　に入れ、口を結び、冷蔵庫で一晩お
　いてもどす（**a**）。軽く水気を絞って軸
　を落とし、1cm幅に切る。
2 鶏肉は皮目を下にして2cm幅に切り
　込みを入れ（**b**）、ひと口大に切る。長
　ねぎは斜め1cm幅に切る。
3 ボウルに下味の材料を入れて混ぜ、**1**
　と**2**を加えて手でもみ込み（**c**）、10分
　ほどおく。
4 器に**3**をのせ、せいろに入れる（**d**）。
　蒸気の上がった鍋にのせ、強火で10
　分ほど蒸す。

鶏肉、干ししいたけ、長ねぎともに
調味料がしっかりしみて、
それぞれの歯ごたえも楽しめて、
三位一体のおいしさ。

a

b

c

d

豚ひき肉と白菜の
ミルフィーユ蒸し

材料（2〜3人分）
豚ひき肉　300 g
ひき肉の下味
　しょうゆ　大さじ1
　酒　大さじ1
　ごま油　小さじ1
　粗びき黒こしょう　小さじ1
　塩　小さじ⅓
白菜　⅙個

1 ボウルにひき肉を入れ、下味の材料を加え、粘りが出るまで手でよく混ぜる（**a**）。
2 白菜は芯を切り落とし、1枚ずつにする。
3 白菜の一番外側の葉に **1** の肉だね適量を広げてのせ、次の葉を重ねて **1** の肉だねを広げてのせる。これを数回繰り返し（**b**）、食べやすい幅に切り分ける。
4 器（立ち上がりのあるもの）に **3** を立てて入れ、すきまに余った白菜の葉を切って詰め、せいろに入れる（**c**）。蒸気の上がった鍋にのせ、強火で10分ほど蒸す。

ひき肉のうまみが
じんわりしみた白菜が美味。
煮込むよりもあっさりとした
食べ心地です。

a

b

c

ピーマンの
肉詰め蒸し

ひき肉も蒸したピーマンも
やわらかくって、
ひと口頬張ると肉汁がジュワッ。
蒸し汁もおいしいから
残さずいただきます。

材料（2～3人分）
合いびき肉　250 g
長ねぎのみじん切り　½本分
ひき肉の下味
| にんにくのすりおろし　½かけ分
| しょうがのすりおろし　½かけ分
| 片栗粉　大さじ1
| しょうゆ　大さじ1½
| 酒　大さじ1
| 砂糖　小さじ1
| ごま油　小さじ1
ピーマン　6個

1 ピーマンは包丁の刃先でへたのまわ
　りに切り込みを入れて切り取り（**a**）、
　中の種を除く。
2 ボウルにひき肉と長ねぎを入れ、下
　味の材料を加え、粘りが出るまで手
　でよく混ぜる。
3 2を保存袋に入れ、袋の角をキッチン
　ばさみで少し切り、ピーマンの中に絞
　り入れる（**b**）。
4 器に3をのせ、せいろに入れる（**c**）。
　蒸気の上がった鍋にのせ、強火で10
　分ほど蒸す。

鮭とひき肉蒸し

材料（2～3人分）
甘塩鮭　1切れ
豚ひき肉　250 g
蓮根　100 g
ひき肉の下味
| しょうゆ　大さじ1½
| 紹興酒　大さじ1
| 片栗粉　大さじ1
万能ねぎの小口切り　¼束分

a

1　鮭は皮と骨を取り除いて5mm角に
　　切り（**a**）、蓮根は皮をむいて1cm角
　　に切り、水にさらして水気をきる。
2　ボウルにひき肉、下味の材料を入れ
　　て粘りが出るまで手でよく混ぜ、鮭、
　　蓮根を加えてさらに混ぜる（**b**）。
3　器に**2**をのせて平らに広げ（**c**）、せい
　　ろに入れる。蒸気の上がった鍋にの
　　せ、強火で5～6分蒸す。仕上げに万
　　能ねぎをのせる。

b

c

下味をつけて蒸すだけなのに、
海と山の幸のうまみが重なって、
このおいしさは格別。
ご飯にのせるのもおすすめ。

たっぷりの長ねぎ、ナンプラー風味の
トマトだれとともにせいろで蒸した、
香りのいい魚料理。
器に残った蒸し汁とほぐした身を、ご飯にかけても！

鯛の香味
トマトだれ蒸し

材料（2〜3人分）
鯛　2切れ
長ねぎ　1本
みょうが　2本
トマトだれ
｜トマト　小1個
｜ナンプラー　小さじ2
｜酒　小さじ2
｜しょうゆ　小さじ1
｜砂糖　小さじ½

a

b

c

1 鯛はバットなどに並べて塩少々（分
　量外）をふり（a）、10分ほどおいて水
　気を拭く。長ねぎは斜め薄切りにし、
　水にさらして水気をきる。みょうがは
　小口切りにする。

2 トマトだれを作る。トマトは1cm角
　に切ってボウルに入れ、ナンプラー、
　酒、しょうゆ、砂糖を加えて混ぜる（b）。

3 器に長ねぎを敷き、鯛をのせてトマト
　だれをかける（c）。せいろに入れ、蒸
　気の上がった鍋にのせ、強火で8分
　ほど蒸す。仕上げにみょうがをのせる。

「蒸す」調理は素材にゆっくりと火が入るので、
いかもやわらくてジューシー。
しょうがみそがおいしさの要です。

いかと青梗菜の
しょうがみそ蒸し

材料（2～3人分）
するめいか　小2はい
青梗菜　2株
しょうがみそ
｜　しょうがのすりおろし　1かけ分
｜　片栗粉　大さじ1
｜　みそ　大さじ1½
｜　みりん　大さじ1
｜　しょうゆ　小さじ1

1 いかは胴と足に分け、わた、軟骨を
　除いて洗い、1cm幅の輪切りにする。
　足は食べやすい大きさに切る。

2 青梗菜は3等分の長さに切り、根元は
　6等分のくし形切りにする（**a**）。

3 ボウルに**1**のいかを入れ、しょうがみ
　その材料を混ぜ合わせて加え、いか
　にからめる（**b**）。

4 器に青梗菜を敷き、**3**のいかを全体に
　広げてのせる（**c**）。せいろに入れ、蒸
　気の上がった鍋にのせ、強火で7～8
　分蒸す。

a

b

c

帆立貝柱の
チリソース蒸し

材料（2～3人分）
帆立貝柱（刺身用）　150g
ズッキーニ　1本
チリソース
　長ねぎの粗みじん切り　¼本分
　トマトケチャップ　大さじ3
　酒　小さじ1
　オイスターソース　小さじ1
　砂糖　小さじ1
　豆板醤　小さじ½
　塩　小さじ¼

1　帆立貝柱は半分に切り、ズッキーニ
　　は小さめの乱切りにする（**a**）。
2　チリソースの材料は混ぜ合わせる（**b**）。
3　器にズッキーニと帆立貝柱をのせ、**2**
　　をかける（**c**）。せいろに入れ、蒸気の
　　上がった鍋にのせ、強火で6分ほど蒸
　　す。

a

b

c

いつものチリソースは
炒め料理に使うことが多いですが、
蒸しバージョンは油を使わないので
簡単＆あっさりとした食べ心地。

蒸し麻婆豆腐

材料（2〜3人分）
木綿豆腐　1丁（300〜350ｇ）
豚ひき肉　100ｇ
米油　大さじ1
豆豉のみじん切り　大さじ1
豆板醤　小さじ½
しょうがのみじん切り　1かけ分
酒　大さじ1
しょうゆ　大さじ1½
長ねぎのみじん切り　¼本分
ラー油、花椒　各適量

1 豆腐は2cm角に切る。
2 フライパンに米油を熱してひき肉を入れ、中火で3分ほど炒める。ひき肉がカリッとなったら、豆豉、豆板醤、しょうがを加えて弱火で1分ほど炒め（**a**）、酒、しょうゆを加えて炒め合わせる。
3 ボウルに1の豆腐を入れ、2を加えてあえる（**b**）。
4 器に移してせいろに入れ（**c**）、蒸気の上がった鍋にのせ、強火で10分ほど蒸す。仕上げに長ねぎをのせ、ラー油、粗く刻んだ花椒をふる。

ピリ辛ひき肉炒めを豆腐にからめて
蒸すだけ。だから煮込むよりさっぱり。
蒸し汁も豆腐から出た汁だから
おいしく、ついご飯にのせたくなります。

a

b

c

セロリとにんじん入りの鶏だんごを
たっぷりのせて蒸した、蒸しやっこ。
豆腐は口当たりのやさしい絹ごしがよく合います。

豆腐の鶏だんご蒸し

材料（2〜3人分）
絹ごし豆腐　1丁（300 g）
鶏だんご
　　鶏ももひき肉　200 g
　　セロリのみじん切り　½本分
　　にんじんのすりおろし　⅙本分
　　片栗粉　大さじ1
　　しょうゆ　大さじ1
　　紹興酒　大さじ1
　　砂糖　小さじ½
　　塩　小さじ⅓

1 豆腐は4等分に切り、器に並べる。
2 ボウルに鶏だんごの材料を入れ（**a**）、
　粘りが出るまで手でよく混ぜる。
3 1の豆腐の真ん中をスプーンですくっ
　て深めにくり抜き、くり抜いた豆腐を
　2に加えて混ぜる（**b**）。
4 3を4等分にして豆腐にのせ（**c**）、形
　を整える（**d**）。せいろに入れ、蒸気の
　上がった鍋にのせ、強火で10分ほど
　蒸す。

卵と鶏スープで作る、うまみたっぷりの茶碗蒸し。
とろろ、ひき肉、ザーサイ、桜えび入りだから
食べごたえがあります。

大きな茶碗蒸し

材料（2～3人分）
卵　3個
鶏スープ（p.57参照）　1½カップ
塩　小さじ½
長芋　50 g
鶏ひき肉　50 g
味つきザーサイ　30 g
桜えび　3 g
香菜のざく切り　適量

1 卵はよく溶きほぐし、鶏スープと塩を
　加えて混ぜ、ざるでこす（**a**）。
2 長芋は皮をむいてすりおろし、ザーサ
　イ、桜えびはみじん切りにする。
3 器にひき肉、長芋、ザーサイ、桜え
　びを入れてよく混ぜ合わせ、**1**の卵液
　を加え（**b**）、混ぜる（**c**）。
4 せいろに入れ、アルミホイルでふた
　をし、蒸気の上がった鍋にのせ、弱
　めの中火で25～30分蒸す。
5 中心に竹串を刺してみて、卵液が出
　てこなければ蒸し上がり（**d**）。仕上げ
　に香菜をのせる。

飯とスープ

蒸しご飯といえば中華おこわ。
ここでは、白米だけを使ったタイプと
米＋もち米で作るタイプを紹介。
どちらもうまみたっぷりです。
また、ぜひ作ってほしいのが
蒸しスープ。
蒸してこそのやさしい味と
澄んだ仕上がりが魅力です。
ご飯もスープも蒸し直しOKです。

ご飯のおいしさをストレートに楽しむ、
シンプルな混ぜご飯。
枝豆、桜えび、しょうがの彩りがきれい。

干しえびと枝豆のご飯

材料（作りやすい分量）
米　2合
枝豆（さやつき）　150g
桜えび　10g
水　½カップ
酒　小さじ2
塩　小さじ½
しょうがのせん切り　2かけ分

1 米は洗って冷蔵庫で1時間以上浸水
し（**a**）、ざるに上げる。枝豆は塩ゆで
してさやと薄皮を除く。

2 せいろの周囲を少しあけてクッキング
シートを敷き、米を入れて全体に広
げ、水、酒、塩を混ぜたものを回し
かける（**b**）。

3 桜えびを散らし（**c**）、蒸気の上がった
鍋にのせ、強火で45分ほど蒸す。火
を止めて15分ほど蒸らす。

4 枝豆、しょうがを加え（**d**）、混ぜ合わ
せる。

a

b

c

d

鶏肉と里芋の中華おこわ
（作り方は p.54）

鮭ときのこの中華おこわ

（作り方は p.55）

鶏肉と里芋の
中華おこわ

a

b

材料（作りやすい分量）

米　1合
もち米　1合
鶏もも肉　1枚
鶏肉の下味
│　しょうゆ　大さじ1
│　ごま油　小さじ1
里芋　3個
水　½カップ
酒　小さじ2
塩　小さじ½
白いりごま　適量

1 米、もち米は同量（**a**）。合わせて洗い、
　冷蔵庫で1時間以上浸水し、ざるに上
　げる。

2 鶏肉は3cm角に切り、下味の材料を
　もみ込む（**b**）。里芋は皮を厚めにむい
　てひと口大に切る。

3 せいろの周囲を少しあけてクッキング
　シートを敷き、**1**を入れて全体に広げ、
　水、酒、塩を混ぜたものを回しかける。

4 鶏肉、里芋の順にのせ（**c**）、蒸気の上
　がった鍋にのせ、強火で45分ほど蒸
　す。火を止めて15分ほど蒸らし（**d**）、
　ざっくりと混ぜて器に盛り、ごまをふ
　る。

c

d

米ともち米を同量ずつ使うと
もちもちっとした食感。
里芋はごろっと切ると
ねっとりとした食感とおいしさが
楽しめます。

鮭ときのこの
中華おこわ

材料（作りやすい分量）
米　1合
もち米　1合
生鮭　2切れ
まいたけ　2パック
水　½カップ
オイスターソース　大さじ1
紹興酒　小さじ2
塩　小さじ⅓
万能ねぎまたは
　　あさつきの小口切り　適量

オイスターソースと紹興酒を
かくし味に使った、
秋から冬の炊き込みご飯。
蒸したてはもちろん、
冷めてもおいしいのが魅力です。

1 米ともち米は合わせて洗い、冷蔵庫
　で1時間以上浸水し、ざるに上げる。
2 鮭は塩小さじ⅓（分量外）をふって10
　分ほどおき、ペーパータオルで水気
　を拭く（**a**）。まいたけはほぐす。
3 せいろの周囲を少しあけてクッキング
　シートを敷き、1を入れて全体に広げ
　る。水、オイスターソース、紹興酒、
　塩を混ぜたものを回しかける（**b**）。
4 鮭、まいたけの順にのせ（**c**）、蒸気の
　上がった鍋にのせ、強火で45分ほど
　蒸す。火を止めて15分ほど蒸らす。
5 鮭の皮と骨を除いてほぐし、ざっくり
　と混ぜる（**d**）。器に盛り、万能ねぎを
　ふる。

きのこと卵の
ピリ辛スープ

材料（2～3人分）
生しいたけ　3枚
しめじ　1パック
えのきだけ　½袋
鶏スープ（右ページ参照）　2カップ
酒　小さじ2
豆板醤　小さじ½
塩　小さじ½
卵　1個

1 しいたけは石づきを取って四つ割りに
　し、しめじは石づきを取ってほぐす。
　えのきだけは根元を切り落として半分
　に切り、ほぐす。

2 深鉢に鶏スープ、酒、豆板醤、塩を
　入れて混ぜ、1を加える（a）。ラップ
　をしてせいろに入れ、蒸気の上がっ
　た鍋にのせ、強火で15分ほど蒸す（b）。

3 いったん火を止め、卵を割りほぐして
　回し入れ（c）、再び強火で1分ほど蒸
　す（d）。

豆板醤の入った鶏スープと
ふんわり卵は好相性。
きのこは数種類入れると
味が複雑になっておいしくなります。

a

b

c

d

鶏スープの作り方 （約1ℓ分）

1 鍋に鶏むねのひき肉300ｇ、酒大さじ1、しょうがの薄切り½かけ分、水1.2ℓを入れてよく混ぜる。

2 中火にかけ、ひき肉が鍋底にくっつかないようにへらで混ぜながら沸騰させてあくを取る。弱火で30分ほど煮る。

3 ボウルの上にキッチンペーパーを敷いたざるをのせ、静かにこす。

4 きれいなスープになる。※すぐに使わない分は小分けにしてフリーザーバッグに入れて冷凍保存。

鶏手羽中と根菜のスープ

（作り方は p.60）

あさりと春雨、
クレソンのスープ

（作り方は p.61）

手羽中は切り込みを入れておくと、
うまみが溶け出ておいしいスープに
なります。根菜は早く火を通したいので、
小さめの乱切りに。

鶏手羽中と
根菜のスープ

材料（2～3人分）
鶏手羽中　8本
大根　100g
にんじん　½本
蓮根　100g
にんにく　½かけ
水　2カップ
しょうゆ　大さじ1
紹興酒　小さじ2
塩　小さじ⅓

1 手羽中は内側の骨に沿って包丁で切
り込みを入れる（**a**）。大根、にんじん、
蓮根はそれぞれ皮をむき、ひと口大
の乱切りにする（**b**）。にんにくは薄切
りにする。

2 深鉢に水、しょうゆ、紹興酒、塩を
入れて混ぜ、**1**を加える（**c**）。

3 ラップをしてせいろに入れ、蒸気の
上がった鍋にのせ、強火で25分ほど
蒸す。

a

b

c

あさりと春雨、クレソンのスープ

材料（2〜3人分）
あさり（殻つき。砂出ししたもの）
　　200 g
緑豆春雨（乾燥）　30 g
クレソン　1束
長ねぎ　1本
水　2カップ
酒　小さじ2
ナンプラー　小さじ1
塩　小さじ¼

1 あさりは殻をこすり合わせて洗う。春雨はたっぷりの熱湯に入れ、2分ほどゆで、ざるに上げて水気をきり、食べやすい長さに切る。クレソンは茎の太い部分を除き、ざく切りにする。長ねぎは1cm幅に切る。

2 ボウルに水、酒、ナンプラー、塩を加えて混ぜる。

3 深鉢にあさり、長ねぎ、春雨を入れ、2を注ぎ入れ（**a**）、ラップをする（**b**）。せいろに入れ、蒸気の上がった鍋にのせ、強火で15分ほど蒸す。

4 いったん火を止め、クレソンをのせ、再び強火で1分ほど蒸す（**c**）。

a

b

c

あさりからおいしいだしが出るので、
だし汁いらず。
うまみを吸った春雨も美味。
最後にクレソンを入れて色よく仕上げます。

手作りの点心

焼売、饅頭、中華まん……、
みんなの大好きな点心をラインナップ。
皮に包んで蒸すことで
あんはジューシーでおいしくなり、
皮と一緒にいただくことで
実力以上のおいしさを発揮。
皮作りをマスターすれば、蒸し料理の
レパートリーがぐんと広がります。

ひき肉と肩ロース肉を使った
ジューシーでプリッとした特製焼売。
味をしっかりつけて仕上げるので、
このままパクッといただきます。

a

肉焼売

材料（約20個分）
豚ひき肉　200 g
豚肩ロース肉（とんかつ用）　2枚（200 g）
干ししいたけ　2枚
玉ねぎ　1/4個
豚肉の下味
　しょうがのすりおろし　1かけ分
　しょうゆ　大さじ1
　オイスターソース　大さじ1
　酒　小さじ1
　砂糖　小さじ1
　ごま油　小さじ1
　塩　小さじ1/3
　片栗粉　大さじ2
焼売の皮　約20枚

1 干ししいたけは水適量ともにポリ袋に
　入れ、口を結び、冷蔵庫で一晩おい
　てもどす。軽く水気を絞って軸を落と
　し、みじん切りにする。
2 豚肩ロース肉は粗く刻んで軽く包丁
　でたたく（**a**）。玉ねぎはみじん切りに
　する。
3 ボウルにひき肉と肩ロース肉、下味の
　材料を入れ、粘りが出るまで手で混
　ぜ、干ししいたけ、玉ねぎを加えて
　混ぜる。
4 焼売の皮の四隅を少し残して**3**を大さ
　じ山盛り1程度のせ、皮にくっつける
　ようにして広げ、四隅を立ち上げるよ
　うにしながら形作る（**b**、**c**）。上はこ
　んもり、側面はくびれができるように
　整える。
5 せいろにクッキングシートを敷いて
　4を間隔をあけて並べ（**d**）、蒸気の上
　がった鍋にのせ、強火で10分ほど蒸
　す。好みで練りがらし（分量外）を添
　える。

b

c

d

もち米鶏焼売

材料（約20個分）
鶏ももひき肉　400 g
玉ねぎ　½個
白いりごま　大さじ2
ひき肉の下味
| みそ　大さじ1½
| しょうゆ　小さじ2
| 紹興酒　小さじ2
| 砂糖　小さじ½
| 片栗粉　大さじ2
もち米　200 g

1 もち米は洗って冷蔵庫で1時間以上浸水し、ざるに上げて水気をきる。玉ねぎはみじん切りにする。

2 ボウルにひき肉、下味の材料を入れ、粘りが出るまで手で混ぜ、ごま、玉ねぎを加えてさらに混ぜる（**a**）。

3 **2**を20等分にして丸め、もち米をしっかりまぶす（**b**、**c**）。

4 せいろ（ここでは小せいろ2段）にクッキングシートを敷いて**3**を適量ずつ並べ（**d**）、蒸気の上がった鍋にのせ、強火で12〜15分蒸す。

あんに鶏ひき肉を使っているから
いつもの焼売よりライトな食べ心地。
もち米をまぶして蒸すともちもち感が
プラスされて、本格派の味わい。

腸粉
<small>ちょうふん</small>

材料（4個分）
牛薄切り肉　150 g
むきえび　150 g
香菜　2株
万能ねぎ　5本
生地
│ 上新粉　60 g
│ 片栗粉　20 g
│ 米油　大さじ1
│ 塩　少々
│ 水　1カップ
米油　適量
たれ
│ しょうゆ　大さじ1
│ オイスターソース　小さじ1
│ 砂糖　小さじ1
│ ごま油　小さじ1

1 えびは片栗粉、塩各少々（分量外）で
　よくもみ、洗って水気を拭く。香菜は
　ざく切りにし、万能ねぎは小口切りに
　する。
2 鍋に湯を沸かして弱火にし、えび、牛
　肉の順にさっとゆで、汁気を拭く。
3 生地の材料はボウルに入れてよく混
　ぜる。
4 バット（約20×15cm）に米油少々を
　薄くぬり、3の生地の¼量を流し入れ
　て広げる（**a**）。バットをせいろに入れ、
　蒸気の上がった鍋にのせ、強火で2
　分ほど蒸す（**b**）。
5 せいろからバットを取り出し、牛肉と
　香菜の各半量を端のほうにのせ、ス
　ケッパーやカードで巻きながら包む
　（**c**）。同様にして残りの牛肉と香菜も
　包む。えびと万能ねぎも半量ずつ同
　様にして包む（**d**）。
6 食べやすい大きさに切って器に盛り、
　たれの材料を混ぜ合わせてかける。

a

b

c

d

上新粉と片栗粉で作った生地を薄くのばして蒸すと、
もちっとしてプルプル。
この生地に好きな具をのせて巻いて、
濃いめのたれでいただきます。

えびにら饅頭

材料（20個分）
むきえび　200g
にら　1束
豚ひき肉　100g
あんの下味
　酒　小さじ2
　ごま油　小さじ1
　塩　小さじ½
　こしょう　少々
生地
　浮き粉　100g
　片栗粉　20g
　熱湯　180mℓ
米油　適量

1 えびは片栗粉、塩各少々（各分量外）でよくもみ、洗って水気を拭いて1cm幅に切る。にらも1cm幅に切る。ボウルにえび、ひき肉、下味の材料を入れて粘りが出るまで混ぜ、にらを加えてさらに混ぜる。

2 生地を作る。ボウルに浮き粉、片栗粉を入れて湯せんで温めながら混ぜ（**a**）、湯せんからはずして熱湯を加え（**b**）、よく混ぜてひとつにまとめる。

3 台の上に取り出し、台にすりつけるようにしてのばし、だまがなくなるまでこねる（**c**）。

4 2等分に切り、それぞれ直径2cmの棒状にのばし（**d**）、10等分に切り分け、直径10cmくらいにめん棒でのばす。**1**のあんを大さじ1ずつのせ、茶巾のようにして包み、上から軽く押さえる。

5 せいろにクッキングシートを敷き、**4**をとじ目を下にして並べ（**e**）、蒸気の上がった鍋にのせ、強火で3分ほど蒸す（**f**）。

6 フライパンに米油を入れて熱し、**5**を入れ（**g**）、両面カリッとするまで焼く。

a

b

c

d

e

f

g

浮き粉を使った皮はモチモチ、
半透明だからえびの色が映えます。
蒸してから焼くと
カリカリの食感も加わって、
自家製ならではのおいしさ。

肉まん

（作り方は p.74）

海鮮まん

（作り方は p.75）

基本の中華まんを作る

材料（6個分）
薄力粉　200 g
ベーキングパウダー　小さじ1
ぬるま湯　½カップ
砂糖　大さじ2
塩　小さじ¼
ドライイースト　小さじ1
米油　大さじ1

3
途中、米油を加えて混ぜ、カードやスケッパーでひとつにまとめる。

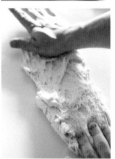

4
台の上に取り出し、台にすりつけるようにしてのばし、なめらかになるまで5分ほどこねる。

5
しっとりとなめらかになったら、丸く形を整える。

1
ボウルにぬるま湯、砂糖、塩を入れて混ぜ、ドライイーストをふり入れ、少し待ってから泡立て器などで混ぜてなじませる。

2
ボウルに薄力粉、ベーキングパウダーを入れて混ぜ、**1**を3回に分けて加え、箸で混ぜる。

6
ボウルに戻し入れ、ぬれ布巾をかけて室温で一次発酵させる。2倍の大きさになったらOK。

7

指に薄力粉（分量外）をつけて真ん中に穴をあけ、穴がすぐ戻らなければOK。それから全体を押さえてガス抜きをする。

8

ボウルから取り出して指でならし、カードやスケッパーで6等分に切り分ける。

9

丸め直し、ぬれ布巾をかけて10分ほどおく。

10

打ち粉（分量外）をした台に**9**を1つ置き、手のひらで軽く押しつぶし、めん棒で直径10cmにのばす。真ん中は少し厚めにする。

11

ここでは6個作るので、あん（ここでは肉まん）の1/6量を生地にのせる。

12

周囲の生地を真ん中に寄せるようにして指でしっかりと包んでとめる。残りも同様にして包む。

13

3個ずつ蒸す。中華まんのサイズに合わせて切ったクッキングシートにのせ、せいろに並べ、二次発酵。20〜30分してひと回り大きくなったらOK。

14

蒸気の上がった鍋にのせ、強火で15分ほど蒸す。火を止めてそのまま5分ほどおく。

肉まん

材料（6個分）
生地（p.72〜73参照）　全量
あん
　豚切り落とし肉　250 g
　長ねぎ　⅓本
　しょうゆ　大さじ1
　酒　大さじ1
　オイスターソース　小さじ2
　砂糖　小さじ1
　ごま油　小さじ1
　粗びき黒こしょう　少々
　片栗粉　大さじ1

1 p.72〜73の作り方 **1〜6** を参照して生地を作り、一次発酵させる。

2 豚肉は粗く刻み、長ねぎは縦半分に切ってから2cm幅に切る。ボウルに入れ、しょうゆ、酒、オイスターソース、砂糖、ごま油、こしょう、片栗粉を加えて手でもみ込む（**a**）。

3 p.72〜73の作り方 **7〜9** を参照して**1**のガス抜きをし、6等分して丸め直し、ぬれ布巾をかけて10分おく。

4 p.72〜73の作り方 **10〜13** を参照して生地をのばしてあんを包み、二次発酵させる（**b**）。

5 蒸気の上がった鍋にのせ、強火で15分ほど蒸す（**c**）。火を止めてそのまま5分ほどおく。

豚肉と長ねぎをあんにした、
最も基本となる肉まん。
切り落とし肉を刻んで使うことで
ジューシーに仕上がります。

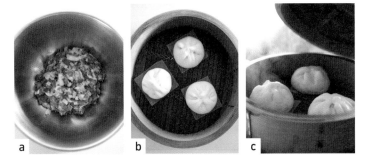

a　b　c

海鮮まん

材料（6個分）
生地（p.72〜73参照）　全量
あん
　えび（無頭、殻つき）　100g
　帆立貝柱　100g
　いか（刺身用）　50g
　緑豆春雨（乾燥）　20g
　豚ひき肉　50g
　しょうがのすりおろし　1かけ分
　しょうゆ　大さじ1½
　紹興酒　小さじ2
　ごま油　小さじ1
　塩　小さじ¼
　片栗粉　大さじ1

1 p.72〜73の作り方1〜6を参照して生地を作り、一次発酵させる。

2 えびは背わたを取って殻をむき、1cm幅に切り、飾り用に6切れ別にする。いかは1cm幅、貝柱は1cm角に切る。春雨はたっぷりの熱湯で2分ほどゆで、ざるに上げて水気をきり、細かく切る。

3 ボウルに2とひき肉を入れ、しょうが、しょうゆ、紹興酒、ごま油、塩、片栗粉を加え、手でよく混ぜる（a）。

4 p.72〜73の作り方7〜9を参照して1のガス抜きをし、6等分して丸め直し、ぬれ布巾をかけて10分おく。

5 p.72〜73の作り方10〜13を参照して生地をのばしてあんを包み、飾り用のえびをのせ、二次発酵させる（b）。

6 蒸気の上がった鍋にのせ、強火で15分ほど蒸す。火を止めてそのまま5分ほどおく。

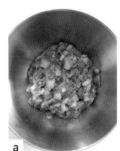

a　　b

えび、貝柱、いか、春雨、
つなぎに豚ひき肉を入れた、
ちょっと贅沢な中華まん。
手作りならではの楽しみです。

数種類の野菜を組み合わせ、
しっかり味をつけておくのが
おいしさの秘訣。
ここではおすすめ2種を紹介。
肉まんよりひと回り小さく仕上げます。

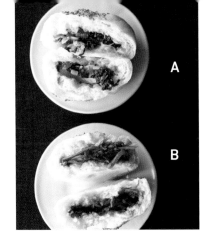

A
B

野菜まん2種

A（小松菜、玉ねぎ、しいたけ）
B（キャベツ、大根、にんじん）

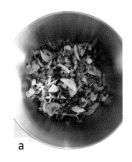
a

b

材料（各8個分）
生地（p.72〜73参照）　全量×2
あん **A**

　小松菜　1束
　玉ねぎ　½個
　生しいたけ　5枚
　白すりごま　大さじ2
　酒　大さじ1
　しょうゆ　小さじ1
　ごま油　小さじ1
　塩　小さじ⅓
　こしょう　少々

あん **B**

　キャベツ　250g
　大根　200g
　にんじん　½本
　にんにくのすりおろし　½かけ分
　豆豉のみじん切り　大さじ1
　甜麺醤　大さじ1
　しょうゆ　小さじ2
　紹興酒　小さじ1
　砂糖　小さじ½
　片栗粉　大さじ1

1 p.72〜73の作り方**1**〜**6**を参照して
　生地を作り、一次発酵させる。

2 **A**を作る。小松菜はさっとゆでて
　1cm幅に切り、水気を絞る。玉ねぎ
　は薄切りにし、しいたけは石づきを
　取って1.5cm角に切る。ボウルに入
　れ、残りの**A**を加えて混ぜる（**a**）。

3 **B**を作る。キャベツ、大根、にんじん
　は3cm長さの細切りにし、塩小さじ
　½（分量外）をまぶして10分おき、水
　気をぎゅっと絞る。残りの**B**を加え
　て混ぜる（**b**）。

4 p.72〜73の作り方**7**〜**9**を参照して
　1のガス抜きをし、8等分して丸め直
　し、ぬれ布巾をかけて10分おく。

5 p.72〜73の作り方**10**〜**13**を参照し
　て生地をのばしてあんを包み、**A**に
　は白いりごま（分量外）、**B**には一味と
　うがらし（分量外）をつけ、二次発酵
　させる（**c**、**d**）。

6 4個ずつ蒸す。蒸気の上がった鍋にの
　せ、強火で15分ほど蒸す。火を止め
　てそのまま5分ほどおく。

c

d

甜品（ティエンピン）も食べたい

甜品は中国語で
「甘味・デザート」のこと。
おなじみの蒸しプリンや
マーラーガオは材料を混ぜて
蒸すだけなので、思いのほか簡単。
いずれも蒸したてあつあつはもちろん、
冷めてもおいしいのが魅力。
甜品がおうちで作れるなんて、
ちょっと自慢です。

ウーロン茶風味の
蒸しプリン

材料（200mℓ容量のプリンカップ4個分）
牛乳　1½カップ
ウーロン茶（ティーバッグ）　2袋
卵　4個
グラニュー糖　50g
カラメル
　グラニュー糖　50g
　水　大さじ1
　ウーロン茶（濃いめに煮出したもの）
　　大さじ2

1 カラメルを作る。鍋にグラニュー糖、水を入れて中火にかけ、色づいてきたら、熱いウーロン茶を数回に分けて加え、弱火で少しとろみがつくまで煮つめる。プリンカップに均等に入れて冷蔵庫でしっかり冷やす。

2 鍋に牛乳、ウーロン茶ティーバッグ、グラニュー糖小さじ1を入れて中火にかけ、ふつふつしてきたら火を止めてふたをし、3分ほど蒸らす。ざるでこし、ウーロン茶ティーバッグをスプーンの背で押してこし出す（**a**）。

3 別のボウルに卵を割り入れて泡立て器で混ぜ、卵白のこしがきれたら残りのグラニュー糖を加えて混ぜる。**2**を数回に分けて加えて混ぜ（**b**）、ざるでこす。

4 **1**のプリンカップに均等に流し入れ、アルミホイルでふたをし、せいろに並べる（**c**）。

5 蒸気の上がった鍋にのせ、弱火で20〜25分蒸す。竹串を刺してみて、卵液が出なければ蒸し上がり（**d**）。せいろから出してアルミホイルを取る。ひっくり返して器に盛る。

a

b

c

d

ほんのり香るウーロン茶と
やさしい口当たりが魅力の、懐かし系プリン。
せいろから出して温かいうちに
いただくのもよし、冷蔵庫で冷やすのもよし。

マーラーガオ

材料（直径15cmのせいろ1台分）
卵　3個
きび砂糖　70g
練乳　大さじ1
牛乳　大さじ3
米油　大さじ3
しょうゆ　小さじ½
薄力粉　120g
ベーキングパウダー　小さじ2

1 ボウルに卵を割り入れて泡立て器で
　溶きほぐし、きび砂糖、練乳、牛乳、
　米油、しょうゆを加えて混ぜる。
2 薄力粉とベーキングパウダーを合わ
　せてふるい入れ（**a**）、手早く混ぜる。
3 クッキングシートを敷いたせいろに**2**
　を流し入れ（**b**、**c**）、蒸気の上がった
　鍋にのせ、強火で30分ほど蒸す。

蒸したてふんわり、
素朴な味わいの中国風蒸しケーキ。
残ったら、次の日にせいろで蒸し直すと（左ページ下段）、
おいしさがよみがえります。

81

あんこ入りの白玉だんごはモチモチッ。
蒸したてに、ココナッツを
たっぷりまぶすのが、
おいしさのポイント。

ココナッツ蒸しだんご

材料（8個分）
白玉粉　100g
水　90mℓ
こしあん（市販）　100g
ココナッツファイン　適量

1 ボウルに白玉粉、水を入れてだまが
　 なくなるまでこねる。
2 8等分して丸め、手のひらで平らにの
　 ばし、あんこを⅛量ずつ包む（**a**）。
3 せいろにクッキングシートを敷いて
　 2を並べ、蒸気の上がった鍋にのせ、
　 強火で10分ほど蒸す（**b**）。
4 熱いうちにココナッツファインをたっ
　 ぷりとまぶす。

a

b

黒ごまあんまん

材料（10個分）
生地（p.72〜73参照）　全量
あん
　こしあん　150g
　練りごま　大さじ2
　ごま油　小さじ1
　塩　少々

1 p.72〜73の作り方**1〜6**を参照して
　生地を作り、一次発酵させる。

2 あんの材料は混ぜ合わせる（**a**）。

3 p.72〜73の作り方**7〜9**を参照して
　1のガス抜きをし、10等分して丸め
　直し、ぬれ布巾をかけて10分おく。

4 p.72〜73の作り方**10〜13**を参照し
　て生地をのばしてあんを包み、とじ目
　を下にして二次発酵させる（**b**）。

5 5個ずつ蒸す。蒸気の上がった鍋にの
　せ、強火で12分ほど蒸す。火を止め
　てそのまま5分ほどおく。

a

b

p.72 の中華まんの生地を使った、
ちょっと小ぶりな手作りあんまん。
市販のあんこと練りごまで作るあんが絶品です。

蒸し中華

簡単！おいしい味つけで

2024年2月19日　第1刷発行

著　者　今井 亮
発行者　清木孝悦
発行所　学校法人文化学園　文化出版局
　　　　〒151-8524
　　　　東京都渋谷区代々木3-22-1
　　　　電話 03-3299-2565（編集）
　　　　　　　03-3299-2540（営業）
印　刷　TOPPAN株式会社
製本所　大口製本印刷株式会社

文化出版局のホームページ
https://books.bunka.ac.jp/

Staff

ブックデザイン　福間優子
撮影　邑口京一郎
スタイリング　中村弘子
校閲　田中美穂
DTP　小林 亮
編集　松原京子
　　　浅井香織（文化出版局）

プリンティングディレクター　杉浦啓之（TOPPAN）

今井 亮　Imai ryo

中国料理を得意とする料理家。京都市内
の老舗中華料理店で修業を積み、東京へ。
フードコーディネーターの学校を卒業後、
料理家のアシスタントなどを経て独立。
プロの技をきかせながら家庭で作れる中
華のレシピが好評。
Instagram @ryo.imai1931

調理アシスタント
玉利紗綾香、コバヤシリサ

簡単！おいしい味つけで

蒸し中華

今井 亮

文化出版局